DEUXIÈME ÉDITION

GIL DRAE & MOSCA

TOROS et TOREROS

GUIDE DU SPECTATEUR aux Courses de Taureaux

NIMES
IMPRIMERIE TAURINE

TOROS

ET TOREROS

A nos amis d'Espagne,

Aux bons écrivains et aux vaillants Toreros qui surent nous aider de leurs conseils.

A nos amis de France,

Nous dédions ce modeste livre, leur œuvre autant que la nôtre.

Les Auteurs.

INTRODUCTION

Dans le drame de la Course, Acteurs et Spectateurs prennent une part égale à l'action. Excitant la fantaisie des mimes héroïques, le génie populaire brode sur un scénario immuable des péripéties imprévues; la foule en retour s'exalte et, dans sa candeur passionnée, s'éprend de l'œuvre qu'ont enfantée ses vœux. L'Arène est un champ clos, fertile en merveilleux exploits, mais c'est sur la pierre des gradins, tandis que roule, en tempête, au cœur des gerbes humaines, le souffle des sentiments glorieux, qu'éclot et croît la moisson choisie.

L'agonie d'un animal, le péril d'un homme ne sont pour rien dans les tumultueuses vibrations de l'âme éparse de la foule. Le Toro symbolise la force élémentaire, en soi supérieure ; l'Homme incarne l'Intelligence, la Valeur, l'Ame. Et du choc de ces deux entités, d'elle-même, la Course est issue.

Selon le principe ancien des dramaturges qui s'appli-

quent à mettre dans leur œuvre deux sentiments aux prises, les combats de l'Arène servent à faire triompher le plus grand sans conteste de tous ceux que le Passé nous ait acquis.

Le but moral est dans la glorification du désir de lutte qui fait le fonds de la nature humaine, dans l'affirmation de notre prédominance, dans la preuve par la victoire de notre destinée de conquête. Le grand tragique conduisait ses héros au châtiment, la face sanglante malgré l'irresponsabilité de leurs crimes ; logique et géniale, la course a voulu pour dénoûment un sacrifice inévitable, sorte d'holocauste offert à la grandeur humaine ; le toro succombe parce qu'il est l'élément inférieur et fatal du drame.

La Course est une tragédie dont les trois actes, — la Pique, la Banderille et l'Épée, — préparent l'issue avec une logique très serrée. L'Homme, fort par le cœur, s'ingénie à conduire la Brute à travers de multiples duperies ; mais sous leur apparence frivole et de forfanterie pure, ses actes, manifestations strictes d'un développement prévu, sont rigoureusement calculés. Chacun de ses gestes, que par une admirable coquetterie il fait périlleux à dessein, contribue à la marche souterraine de l'action, prépare le moment où son bras, son faible bras aura raison de la Bête.

* *

Le Comédien a, bien des ans, lutté pour obtenir sa grâce. Dans le monde, on paraît aujourd'hui l'accueillir avec empressement, mais à considérer ces avances jurerait-on n'y pas trouver un alliage de mépris ? Le torero d'Espagne, au contraire, occupe sans déchéance un rang que l'amour du public a fait très élevé. Sa profession qui n'avilit pas les grands seigneurs, anoblit les gens de roture : on s'honore, là bas, à quelque caste qu'on appartienne et quelle que soit son origine, de l'amitié du Torero. Dans cet accueil respectueux et ce culte de tout un peuple, il n'entre pas de concession aux modes passagères ; je n'y vois pour ma part que la mise en pratique d'une opinion raisonnée et d'une religion faite.

Cela tient à l'essence même du spectacle, aux séductions différentes du théâtre et de l'arène.

La Comédie est un divertissement où chacun prend du goût selon ses habitudes intellectuelles. — Des fantoches, dans un décor convenu, suivant des conditions préétablies, expriment des idées. — Le langage est un intermédiaire précieux, mais pour en subir l'influence et vibrer comme un bon instrument sous ce délicat archet, il faut, dans la complication des intentions et des finesses, l'accoutumance octroyée par la seule éducation littéraire. Par un effort interdit à certaines intelligences, nous devons créer une vie factice à ce monde illusoire ; par un choc en retour parer de la réalité de nos impressions le mensonge des faits et gestes de la scène. Nous sommes si bien renseignés sur les passions et sur les crises, si bien convaincus que tout ce qui se passe là est un leurre pour notre crédulité, qu'aux meilleurs endroits, malgré nous, la peur du ridicule gâte notre plaisir ; — et nous dissimulons avec une sorte de pudeur la larme qui perle à nos cils.

Dans l'arène et pour la Babel des organismes et des peuples, suprême Intelligible, l'action à son paroxysme parle seule. Le spectacle, libéré de toute formule esthétique, s'adresse aux passions essentielles de l'humanité. Il va directement des yeux aux nerfs n'impliquant ni entraînement, ni culture... Au théâtre, entre la pensée de l'auteur et notre impression, s'interposent le langage qui trahit parfois et le jeu de l'acteur qui trompe toujours. Ici, l'acteur improvise et trouve sur place ses effets; le sujet de son drame est une lutte sans merci et le dénoûment imposé par le sort est quelquefois sa réelle agonie.

Cet enseignement est admirable de l'homme affirmant ses facultés de conquête et jetant à la destinée comme enjeu de mépris sa vie, don d'une création occulte. Voilà bien la leçon d'ironie farouche qu'il faut à notre époque décrépite où, tout le long des jours, nous luttons pour l'existence, sans souci des lâchetés et des aventures viles. C'est, hélas! tout ce qui nous reste de pur des anciens rites de bravoure, suprême autel des religions d'honneur de toutes les races... Perdus, les jeux du cirque où les gladiateurs casqués d'airain s'égorgeaient pour mériter l'acclamation du peuple!... Défunts, les belluaires qui, le torse nu, en des corps à corps terribles, frappaient du glaive court les fauves rugissants!... Oubliés, les tournois où, bardés de fer, entre deux croisades, les Preux assoiffés de gloire rompaient des lances dans la lice!

A l'Espagne seule reviendra-t-il l'honneur de perpétuer le culte dont nos aïeux étaient jaloux?...

Ce fut un jeu de chevalerie où, par besoin de gloire, les Seigneurs et les Rois, maniant leurs destriers, appe-

laient au combat le fauve du terroir. Le champ clos n'est plus désormais où guerroyaient les seuls descendants des hautes races. Mais bien que le torero reçoive maintenant paiement de ses efforts, — prix du sang, trop souvent, plutôt que salaire, — son honneur est absolument sauf. Si le mobile qui le pousse à l'arène n'est plus le seul souci des applaudissements, s'il tire parti de son succès et bat monnaie de son triomphe, il n'en est pas moins vrai que bien peu banale et très crâne apparaît cette façon de pourvoir à ses besoins en apportant dans le marché l'appoint de son existence.

Aussi je comprends le silence émouvant, tel qu'aux solennités funèbres, qui s'abat sur la foule en rumeur quand la trompette a gémi son signal de mort. Le matador a prononcé l'éternel serment des veilles de bataille. La muleta claquant au vent comme un rouge étendard, en main l'épée claire, il a, d'une démarche sûre, foulé l'arène dont j'entends crier le sable sous ses pas et le voici campé devant le fauve, silhouette provocatrice, — tel saint Michel Archange.

LE TORO DE COMBAT

§ I. — LE TORO EN LIBERTÉ.

estée, à travers les âges, fidèle à son sport préféré, l'Espagne offre à tout ce qui le perfectionne et l'accroît le prix de son enthousiasme héréditaire. Chacun, *tra los montes*, partage avec un égal désintéressement son affection et sa faveur entre le torero de mérite, le toro brave et l'éleveur intelligent. Aussi la profession de *ganadero* (éleveur),—supérieure même à celles qui, sous l'ancien régime, loin d'entacher de roture, anoblissaient,—semble-t-elle comporter une œuvre de luxe plutôt qu'un espoir de gain. Peu nombreux et pareils à nos propriétaires de haras hippiques sont les hommes qui se hasardent à donner un tel emploi à leurs revenus seigneuriaux et plus rares encore les *ganaderias* (troupeaux) susceptibles de disposer au combat un bétail noble et vigoureux.

ELEVAGE. — Il faut aux *ganaderias* des pays sains et féconds en pâture choisie. Là, sous l'œil vigilant des bouviers, par les plaines vastes et libres, le bétail s'agite et reproduit. Mais c'est du choix des étalons que dépend au premier chef la qualité des élevages. Le *ganado* (bétail) de course doit être en effet d'illustre origine, issu de quelque toro célèbre dans le combat.

QUALITÉS. — Brave et de bonne race, il est, aussi, puissant et beau. Solidement établi sur ses jambes nerveuses et courtes, le poitrail paré de la masse chatoyante de son garrot débordant, tout en force, le toro de combat semble parmi les êtres, devoir symboliser un suprême idéal de vigueur.

En bête de luxe soumise à l'examen fanatique des connaisseurs, son aspect (*trapio*) doit être, d'après une règle supérieure, impeccable au surplus. De poids (*de libras*) ; le poil épais, luisant et net ; les jambes sèches et nerveuses ; les articulations bien prononcées et souples ; le sabot petit et rond ; les cornes fortes, effilées, égales et noires, la queue longue, fine et bien fournie ; le cou large et soyeux ; les oreilles velues et mobiles, les yeux bruns et vifs ; voilà l'esquisse en quelques traits d'un parfait *trapio*.

DÉFAUTS. — Une tare quelconque au contraire éloigne le toro de toute *plaza* digne de renom. Inutiles et nuisibles seraient en effet au cours du combat les *corniapretados* (cornes rapprochées), les *cornipasos* (cornes en lyre), les *mogones* (cornes écaillées), ainsi que les toros chétifs, obèses, blessés, boiteux, borgnes ou seulement affligés d'un défaut dans la vue (*burriciegos*) ; moins utilisable encore le toro qui combattrait avant sa quatrième année ou après sa septième et celui qui, ayant déjà couru, saurait flairer l'homme sous le manteau (*toro de sentido*) et se refuserait aux appels.

Age. — Le toro vit en général de 15 à 16 ans. Entre 4 et 8 ans, il est dans toute sa beauté et toute sa vigueur.

A neuf mois les dents de devant sont remplacées par des dents plus grandes et plus blanches, six mois plus tard les côtés de la mâchoire se dégarnissent à leur tour ; à trois ans les incisives disparaissent pour faire place à d'autres qui bientôt égalent en blancheur et volume les dents qu'il possède déjà ; à partir de six ans elles deviennent toutes jaunes et laides.

L'examen attentif des cornes donne un résultat encore plus précis. Dès l'âge de trois ans, il se forme à la pointe de la corne (*piton*) une lame mince qui se fend dans toute sa longueur et tombe au moindre frottement, laissant toutefois subsister, au ras du front, une sorte de bourrelet. Chaque année pareil phénomène se renouvelle, de sorte qu'il est facile, en comptant à partir de trois, d'estimer l'âge du toro d'après le nombre de ces bourrelets. Parmi les *ganaderos* et gens de la campagne, on indique d'ordinaire l'âge des toros d'après les années de pâturage qu'ils ont. On appelle *anojos* les veaux d'un an, *erales* ceux de deux ans, *utreros* ceux de trois ans, *cuatrenos* et *quinquenos* ceux de quatre et cinq ans.

§ II. — CAPTURE DU TORO.

Tienta. — Les veaux ayant atteint l'âge approximatif de 18 mois on procède dans les *ganaderias* à la *tienta* (essai), préliminaire rationnel du *herradero* (ferrade).

Les *aficionados* (amateurs) se font une joie d'assister à ce spectacle et c'est d'ordinaire pour tout *ganadero* un prétexte à réjouissances. Les invités, toreros et amis, accourent au jour dit, sûrs d'être à cette occasion magnifiquement traités.

A proximité d'un *corral* (vaste enclos), veaux et génisses sont parqués. Dans l'enclos, assisté de *peones* experts, (gens à pied), un *vaquero* (bouvier à cheval) parade, pique en main. Sitôt lâché dans le *corral*, obéissant à son humeur batailleuse, le *becerro* (veau) se rue et pour la première fois subit le châtiment de la pique. Circonvenu par les *peones* qui l'éblouissent de leur cape, il revient à la charge ou se dérobe. C'est alors que le *Mayoral* (gardien-chef), sur un signe du maître, classe l'animal suivant sa vaillance. « *Para toro !* » Comme toro !... sa destinée est de combattre. « *Para buey !* » comme bœuf ! Il attendra sans honneur la mort ignominieuse de l'abattoir. Chaque jeune tête de bétail subit la même épreuve ; les génisses vaillantes servent à la reproduction.

Herradero (ferrade). — Les bêtes de choix ont été emprisonnées dans un nouveau corral. C'est maintenant

aux invités, rassemblés dans une cour attenante, de se
mesurer avec elles. Un jeune veau, tout étonné de découvrir si nombreuse assistance, fait irruption parmi
les rires et les cris. C'est le beau de la fête, l'heure at-
tendue, fertile en émotions de toutes sortes. Les uns
s'esquivent, d'autres, plus braves, provoquent l'animal.
On le fatigue de la cape, on s'efforce de le terrasser, en
le prenant aux cornes. Lorsque le jeune toro, couché à
terre, est réduit à l'impuissance, on applique sur sa
cuisse droite le fer rouge aux armes de la *ganaderia*.
Les bouts de chaque oreille et de la queue sont coupés ;
un peu de boue sur la brûlure, et le veau est lâché. Si
le *ganadero* veut honorer quelque invité, il le prie de
marquer lui-même le jeune animal. Cette distinction,
sorte de parrainage, est fort recherchée.

AUTRES TIENTAS. — TIENTA A LA FALSETA (par sur-
prise). — C'est en plein champ qu'on l'accomplit, tant
en Andalousie qu'en Camargue. Deux cavaliers, armés
de *garrochas* (piques), séparent du troupeau, en l'excitant, la bête qu'ils ont choisie. Isolé, l'animal bondit et
prend le large ; les cavaliers galopent à sa suite, atten-
dant que sa vigueur leur paraisse faiblir. Au moment
opportun, un cavalier éperonne sa monture, décrit un
rapide demi-cercle en se rapprochant du toro et, la *gar-
rocha* en arrêt, s'efforce, quand la bête lève l'arrière
train, de la piquer à la naissance de la queue. Une pous-
sée vigoureuse suffit généralement pour la jeter à bas.
Cette suerte réclame un cheval fort et agile, et surtout
un parfait cavalier ; l'animal poursuivi se retourne par-

fois, et c'est dans des voltes rapides qu'on peut seulement découvrir le salut. Nos gardiens de Camargue, vrais centaures, s'y sont acquis une juste réputation.

TIENTA DE MANCORNAR (les mains aux cornes). — Ce périlleux exercice est aussi familier aux bouviers provençaux qu'aux gens du royaume de Léon. L'homme, s'offrant de face, provoque l'animal, prêt à l'éviter par un rapide écart, tandis que d'un poignet vigoureux il saisit la corne droite. Sans lâcher prise, il engage ensuite le bras gauche sur le cou du toro, jusqu'à ce que de sa main libre il puisse s'emparer du muffle qu'il vise et qui se dérobe écumant et meuglant. C'est en appuyant fortement sur la corne droite, en même temps que par un lent effort de torsion il dresse le muffle vers le ciel, que l'homme parvient a terrasser un adversaire redoutable malgré sa jeunesse.

TIENTA AU LAZZO. — Pour s'emparer des toros, les naturels de l'Amérique du Sud emploient le lazzo avec une rare habileté. Le lazzo est une corde de 25 à 30 mètres de longueur que, pour ce genre d'expédition, le cavalier attache par l'un de ses bouts à l'arrière de sa selle. L'autre extrémité est munie d'un nœud coulant qu'un court bâton maintient ouvert. Le lazzo est enroulé et retenu sur la croupe du cheval, par une ficelle que peut rompre le moindre effort. Le cavalier lance son nœud coulant aux cornes de la bête, puis, éperonnant son cheval, galope en l'entraînant. Il doit avant tout se soucier d'aller en droite ligne ; sans cela, le toro s'arrêtant brusquement, cheval et cavalier rouleraient à terre. D'autres cavaliers suivent cette chasse et, toujours galopant, à l'aide de cordes munies de balles de fer à leurs extrémités, s'appliquent à entraver les jambes du captif redoutable.

§ III. — LE TORO DANS LA PLAZA

ENCIERRO (conduite). — Au long des routes larges, bordées jusqu'aux lointains de paysages lumineux, le bétail de combat s'acheminait jadis par étapes mesurées. — Le tintement sonore des clochettes dénonçait l'approche du convoi.

Tout d'abord le *Mayoral* apparaît dans la poussière du chemin. Il va d'une allure paisible sifflotant un refrain national. Un *cabestro* favori (bœuf apprivoisé) conducteur de la bande, marche dans sa trace et frôle familièrement du mufle la croupe de son cheval. Bloqués au centre du peloton des bœufs domestiqués, les fauves cheminent à la suite, et leur pas noble et lent semble se rythmer sur le chant des sonnailles. Des bouviers armés de fronde, flanquent le troupeau, sûrs de ramener par un prompt châtiment les bêtes vagabondes. Un *vaquero* chevauche à l'arrière, sa pique en travers de la selle.

C'est aux seules plazas voisines qu'on conduit ainsi le bétail aujourd'hui.

Les préparatifs du voyage actuel se font en introduisant dans des cages mobiles les toros que dans ce but on vient d'emprisonner dans les loges (*chiquerros*) de la *ganaderia* ou dans celles de la plaza voisine. La porte du toril et le battant de la porte des barricades qui lui fait face sont ouverts en même temps et maintenus parallèles. Un couloir est de la sorte improvisé dont les deux issues donnent accès l'une dans le toril, l'autre dans la cage qu'on a rapprochée. Il suffit dès lors d'exciter le toro pour le faire passer de son logement du toril dans sa nouvelle habitation roulante.

Apartado ou enchiqueramiento. — Dans leur nouveau corral (dépendance de la plaza) les toros après huit jours de répit, se sont remis des fatigues du voyage. Le matin du combat on procède à l'*apartado*. Il s'agit, après que les vétérinaires ont vérifié son état, d'emprisonner le bétail dans les loges du toril. Armés de bâtons ferrés *castigadores* (qui châtient), les *vaqueros*, du haut des balcons qui entourent le corral, pourchassent les toros et les obligent à pénétrer un à un dans leurs *chiquerros* respectifs. — Les toros doivent être enfermés par ordre de *ganaderias*. Il est surtout très important que le premier et le sixième rangs soient dévolus à une même *ganaderia* et à la plus ancienne.

La divisa. — A l'heure de la course, quand une sonnerie a proclamé l'ouverture du combat, on fait passer le premier toro de son *chiquerro* dans le couloir du toril et là, avant qu'on ait ouvert la porte de l'arène, un *vaquerro* placé au dessus de sa tête lui pique la *divisa* au passage. La *divisa* est le flot de rubans multicolores que le fauve porte au garrot à sa sortie. Chaque *ganaderia* a ses couleurs, sorte de marque distinctive ou de blason diversement réputé.

§ IV. — LE TORO DANS L'ARÈNE

Au sortir du toril, bondissant sous le fer de la devise, le toro, malgré la seconde d'effarement que lui cause la clarté crue de l'arène et la clameur qui salue son apparition, découvre ses ennemis du premier regard et s'élance, sur le champ prêt à la bataille.

D'autres fois, c'est d'un pas assuré qu'il se présente. Sur le seuil, immobile, la croupe noyée d'ombre, le garrot seul ruisselant de clarté, il cherche dans l'espace ; mais un tressaillement agite comme un souffle le poil luisant de sa robe ; son œil vague s'allume et tout à coup il bondit, fou de rage meurtrière.

DIVERSES CATÉGORIES DE TOROS. — On peut, à ce moment, préjuger de la course. Dès son apparition, le toro se révèle aux yeux des connaisseurs. Le maître torero sait pressentir ses facultés et bâtit à l'avance, sans risques d'erreur, son plan de bataille.

Lagartijo ne se trompe jamais. Sûr de lui, il s'attache à tirer parti des défauts comme des qualités de la bête, et, brave jusqu'à la témérité ou prudent jusqu'à la poltronnerie, le maître Cordouan se fit souvent un appoint de succès d'un animal dangereux.

Il y a six principales catégories de toros :

Boyantes (francs). — Ceux-là sont vaillants et de grande noblesse. Jamais découragés, ne rusant pas, bons garçons, comme on dit en Espagne, ils traversent les trois parties de la course sans rien perdre de leur naïveté initiale. La provocation les trouve toujours prêts ; ils tombent dans tous les pièges.

Revoltosos (volontaires). — Francs encore, mais plus remuants et plus vifs. Leur vaillance est pareille, mais à les voir dans chacune de leurs attaques, appuyer fortement sur l'avant-train et chercher à saisir l'objet dont on les leurre, il apparaît que leur désir de meurtre est plus grand. C'est avec une belle fureur qu'ils se rendent compte des duperies. Aussi ne se contentent-ils pas de passer à travers la feinte ; distraits moins aisément, ils s'acharnent à la poursuite.

Toros que se cinen (qui s'approchent). — Plus dangereux que les autres, les toros de cette catégorie se soucient moins des feintes. Loin d'obéir aux mouvements qu'on leur imprime et de prendre le chemin qu'on leur indique, ils s'efforcent de rejoindre leur adversaire. Ils attaquent de près et marchent dans le terrain du torero.

Toros que cortan terreno (qui coupent le terrain). — Dans la poursuite, ils sont désordonnés, ne prennent jamais leur terrain, vont de côté et d'autre. Ils ne se soucient pas des sorties qu'on leur offre, ne suivent pas le leurre qu'on leur oppose. Si à ce défaut ils joignent celui de *rematar en bulto*, (aller sur le but, sur l'homme) il sont très difficiles à combattre et le torero a besoin d'user de toutes ses qualités de sang-froid et d'adresse.

Toros de sentido (de flair). — Plus dangereux encore que les précédents, ceux-là semblent agir d'après un raisonnement. Flairant l'homme, ils vont droit à lui. La cape ne les trouble pas ; les écarts les mieux dessinés, les fuites les plus savantes ne réussissent pas toujours à déjouer la précision de leurs coups.

Abantos (craintifs). Fuyards, peureux par nature, ils échappent à toute suerte, refusent toute invitation ; avec eux le combat est impossible.

Nous ne parlerons que pour mémoire des toros *bravucones*, variété de l'*abanto*, moins poltrons, mais s'élançant par bonds, *tuertos* (borgnes), etc. Ils ne doivent jamais paraître dans l'arène.

V. — ÉTAT GÉNÉRAL DU TORO PENDANT LA COURSE

Le toro, à quelque catégorie qu'il appartienne, voit son tempérament se modifier pendant la durée de la course. On peut dire qu'il passe en règle générale par trois états.

Levatando (portant haut). — Il porte haut la tête et fonce aveuglément. Rien ne l'arrête, il parcourt l'arène avec fougue et sans but certain. Il se peut, à ce moment, qu'après avoir bousculé un cheval ou renversé un homme, il reprenne sa course vagabonde. Les jeux exécutés pendant cette période sont généralement brillants et sûrs.

Parado (apaisé). — Mais les blessures qu'il subit et

les leurres dont on l'éprouve ne tardent pas à le rendre méfiant. Il se prodigue moins et reprend haleine à de courts intervalles. Certains postes l'attirent de préférence (*Querencias*). Immobile, il semble observer et lorsque, soudainement résolu, il s'élance, c'est qu'il croit frapper à coup sûr. Plus il met de lenteur dans ses décisions, plus il garde d'acharnement dans ses attaques. Malheur à l'imprudent que ce toro saisit !

Aplomado (alourdi). Vers la fin du combat cet état s'exagère encore. Gardant l'une ou l'autre de ses places préférées, il laisse ses ennemis s'approcher de plus près. C'est là sa dernière tactique, le piège le plus redoutable qu'il ait encore tendu. Écrasé de fatigue, épuisé par la continuité de ses efforts, il ne tarde pas à s'immobiliser. Mais dans la roideur de sa posture, on le sent tout bouillant de rancune. Opposant à l'épée la menace de son front terrible, il obéit encore au rouge appel de la muleta, jusqu'à ce que sous le fer il s'abatte, prêt toutefois dans le spasme suprême à se redresser pour porter un coup mortel.

§ VI. — DES QUERENCIAS

C'est généralement à l'un de ses postes favoris que le toro vient mourir. Ce coin de sable qui fut son refuge, l'attire encore à son dernier moment. Il y fut redoutable pendant la course, plus sûr de lui, circonspect et posé. Toutefois le torero habile sait tirer parti de cet attachement à une place favorite *(querencia)*. Le toro en *querencia* ne part pas avec la même régularité, c'est au torero de modifier sur le coup sa défense et d'improviser, quelquefois en dehors des règles, une *suerte* appropriée. Après un temps de course le toro revient y prendre haleine et pour y courir abandonne quelquefois une poursuite dangereuse. Il appartient au torero de juger si pour citer l'animal il doit se placer sur le chemin de sa *querencia* quitte à la lui découvrir par un écart, ou s'il doit l'en tirer avant d'essayer tout appel. — Il est absolument nécessaire que l'homme connaisse toutes les *querencias*. C'est pour cette raison, et l'on se rend facilement compte de son importance, que les toros ne doivent jamais avoir foulé une arène avant le jour du combat. Le toro en *querencia* est toujours dangereux : il n'attaque pas mais se tient sur la défensive. On peut toutefois détruire la *querencia* en inquiétant le toro avec la cape dès qu'il la révèle en fréquentant certains parages.

Le toro a deux *querencias* ; l'une sise à l'entrée du toril est dite naturelle, l'autre appelée *querencia* accidentelle, se découvre généralement soit près d'un cheval mort, soit à l'endroit où un toro a été abattu, parfois même sur un point où la terre fraîchement remuée est plus mouvante.

LE PASEO

—

Dans le cirque merveilleux de Nimes la Romaine, la fête taurine, intégrale et probe, se rehausserait d'une rare splendeur.

**

Baignant les degrés de l'amphithéâtre immense, l'air circule dans la lumière et le soleil. C'est, sous le ciel profond, dans la clarté vaste, le vivant panorama d'une foule disposée en grappes pittoresques, parmi l'artistique décor des blocs et des arceaux géants.

Comme un formidable essaim à l'heure du repos, la masse humaine, d'abord houleuse et bourdonnante, s'immobilise aux saillies des gradins. Les groupes s'étageant, encadrés par les grisailles des crevasses, affermissent leurs contours. Des formes grouillent aux profondeurs des voûtes. Des moulures de chair vivante s'incrustent aux blocs surplombants. Découpant ses silhouettes noires sur le bleu dur du ciel, tout un rang de spectateurs couronne le vieil amphithéâtre, tel, sur ce gigantesque diadème, un tour de fleurons mouvants. Les notes fraîches et diverses des costumes, l'ondulation des éventails, semblent rayer la masse vivante de clairs papillottements. Les ombrelles lumineuses s'épanouissent comme des fleurs.

En communion de sensations et d'enthousiasme, tout un peuple vibre et s'exalte. Les cris par milliers s'élèvent, les mains battent, frénétiques.

Appuyé au balcon de la loge présidentielle, l'homme à qui revient l'honneur de présider les jeux et d'affirmer la volonté du peuple, agite son mouchoir en signe impératif d'appel.

Une sonnerie de trompettes proclame l'ordre définitif. L'orchestre entame ses accords, et, tout à coup, retentit une marche guerrière.

En un brusque sursaut le peuple entier se dresse.

C'est que dans l'ombre du grand Portique ouvert, les Héros acteurs ont apparu. Vêtus d'étoffes lumineuses, taillées pour leur Art et par leur Race, ils s'avancent déployant en allures superbes leur charme sans apprêt.

Deux *Alguaciles* en tête caracolent et leurs costumes sombres font ressortir l'éclat des soies claires et des ors. Les *Espadas* viennent ensuite, drapant leur torse élégant dans les plis harmonieux des capes de parade. Leur démarche hautaine, leurs fronts levés, leurs regards sûrs, imposent le souvenir de leurs exploits. Le plus ancien garde la droite, poste d'honneur, et s'il y a trois *Matadores*, le plus jeune se tient entre ses maîtres. A quelques pas en arrière, le *Sobresaliente* marche seul. *Toreros* et *Puntilleros* viennent ensuite sur deux rangs, fiers de leur riche parure, marquant rythmiquement le pas. Puis, par rang d'ancienneté, les *Picadores* campés en statues équestres, de mine guerrière sous le *castoreno* orné de pompons. Enfin la suite bariolée des valets d'arène et les mules d'*arrastre*, richement caparaçonnées, couvertes de grelots et de rubans.

Le *Paseo* s'effectue lentement. Et l'on comprend à contempler la grâce conquérante de ces hommes dans la gloire de leurs costumes chatoyants, rehaussés par l'éclat du soleil dans les soies et les gemmes, — que ce spectacle fut créé pour la joie de tous les yeux et l'épanouissement des âmes artistes.

Devant la loge présidentielle les *Toreros* saluent, élégants et graves, puis échangent leurs manteaux de luxe pour des capes de combat. Les *Alguaciles*, les valets et les mules regagnent le toril.

Mais voici que les *Alguaciles* reviennent au triple galop de leurs montures. Le peuple les poursuit d'imprécations et de quolibets. Arrêtant brusquement son cheval sous la loge d'honneur, l'un d'eux tend son chapeau empanaché ; le président lui lance adroitement les clés du toril et les hommes de police, sous la huée grossissante, disparaissent enfin.

Chacun se dispose au combat.

LA COURSE

PREMIER TERCIO

CHAPITRE PREMIER

LA PIQUE

§ I. — LE PICADOR

A proximité d'une barrière le picador s'est immobilisé. Sa pesante armure d'étoffe rêche et de cuir, son masque sombre sous le *castoreno* aux larges bords, la rigidité de sa pose d'attente, — accrue par l'immobilité du geste qui l'accote à sa pique, — semblent coulés dans l'airain rutilant d'une statue.

La fuite est impossible ; le secours de la barrière

incertain. Le Picador ne saurait trouver de salut que dans la force de son bras et dans la précision de sa pique.

Toutefois il attend avec placidité.

⁂

Le cheval est quelquefois sacrifié. Trop souvent au gré de tous il reçoit de déplorables blessures. On doit se résoudre à son sort en le considérant comme une machine de guerre propre seulement à aider au triomphe de l'Homme, partageant ses dangers, jouant jusqu'au bout son rôle de sacrifice, subissant la conséquence d'une alliance fatale ; mais il est du devoir du picador de défendre autant qu'il le peut son compagnon de bataille. Sa gloire est complète si, après le combat, le toro vaincu fuyant la pique, il peut, campé en triomphateur sur son cheval indemne, caracoler sous les bravos.

Le mérite principal de la *suerte de vara* (combat à la pique) est donc d'empêcher que le toro n'arrive jusqu'au cheval, le blesse ou le tue.

QUALITÉS DU PICADOR. — Du coup d'œil et du sang-froid sont indispensables pour mener à bien cette tâche difficile. Le coup-d'œil permet de juger le toro, le sang-froid aide à exécuter avec précision la *suerte* qu'un jugement certain impose et à improviser au besoin une défense appropriée.

Le picador doit être sûr de son poignet et de ses muscles. Ses forces ne le servent pas seulement contre le toro, elles lui permettent aussi de se délivrer du cheval en cas d'accident. Il doit pouvoir résister à la fréquence des chûtes ; ses lourds vêtements ne doivent pas lui causer de gêne.

Cavalier consommé, le picador doit avoir les jambes puissantes, l'assiette solide et une bonne main gauche pour diriger son cheval.

Le picador doit être, en outre, respectueux des règles établies. A moins de commettre une faute grave, il ne saurait abandonner sa pique aussi longtemps qu'il en peut faire usage. S'il est désarçonné, la seule ressource qui lui reste, c'est de se garantir de son mieux, en dirigeant sa chûte en avant du cheval ; il peut de cette façon, si le toro s'allume au carnage, se faire un bouclier du col de sa monture. Il faillirait gravement en se laissant choir du côté de la croupe la tête en arrière, et serait d'ailleurs, en cette posture, gravement compromis.

Le picador ne doit avoir recours à la barrière qu'à la dernière extrémité. Il ne doit jamais s'en trop approcher. Cette règle est d'ailleurs toute à son avantage ; car un toro lancé à fond de train peut éviter la pique et le picador acculé, ne pouvant modifier sa position, serait infailliblement perdu.

DE L'ÉTAT DU TORO PENDANT LA SUERTE DE VARA. — Le succès du picador dépend au premier chef de la sûreté de son coup d'œil. Les toros, en effet, ne chargent pas tous de la même façon.

Boyantes (vaillants). — Ceux-là, dès leur entrée en lice, fondent sur le premier picador qui s'offre à leur vue ; après plus ou moins d'insistance ils obéissent au fer, et, prenant leur sortie, piquent droit sur un autre cavalier. La défense est avec eux facile et le travail brillant. On dit qu'ils sont *durs* s'ils poussent au fer, *mous* s'ils se plaignent du châtiment.

Pegajosos (acharnés à frapper). — A l'encontre des premiers, les toros pegajosos résistent à la pique, refusent la sortie indiquée et, s'acharnant au centre de la *suerte*, cherchent le corps avec les cornes. Leur attaque est redoutable au bras trop faible pour les retenir.

Toros que recargan (qui reviennent à la charge). — Dangereux entre tous sont les toros qui rechargent. Sous la pique, ils bondissent et semblent devoir prendre leur sortie, mais ils reviennent à la charge avec une nouvelle impétuosité et, s'efforçant de passer entre la pique et le cheval *(colarse suelto)*, ils portent avec obstination des coups réitérés.

Certains toros, après avoir senti la pique, s'élancent à nouveau ; mais au lieu de baisser la tête pour frapper, donnant ainsi prise au fer, ils s'irritent et portent haut. On dit alors qu'ils *s'allument au fer*. Il n'est pas de bras pour résister à leur choc. Le picador, pour éviter une blessure, n'a plus qu'à se laisser choir entre les cornes ; soulevé dans cette posture, il court la chance de ne pas être blessé.

La *vara*, ou pique, longue de 3^{m}50 environ, est armée à son extrémité d'un fer triangulaire affilé à la lime, dont la longueur varie suivant la saison. Pendant les mois d'avril, mai, juin et octobre, le fer a 25 millimètres de long et 15 millimètres à la base ; dans les mois de juillet, août et septembre, ces dimensions sont de 23 millimètres pour la longueur et 16 millimètres de diamètre à la base. Après ce fer est une boule d'arrêt, dite *citron*, à cause de sa forme.

Chaque picador choisit deux piques la veille de la course, et les marque à son nom ; il n'a droit à se servir d'autres piques qu'autant que les premières viennent à se rompre.

Il doit y avoir en réserve cinq chevaux pour chaque toro, nonobstant ceux que l'autorité peut accorder, sur la demande du public. Le picador a le droit de choisir sa monture et de refuser celle qui ne lui paraîtrait pas offrir des garanties de résistance suffisantes.

Un picador, dit picador de réserve, armé et en selle, se tient dans le couloir du toril, prêt, en cas d'accident, à prendre dans l'arène la place d'un de ses compagnons.

Invariablement, dans toute *suerte* de *vara*, un torero seconde le cavalier ; c'est à l'*espada* ou à son *sobresaliente* que ce soin est dévolu *(quite)*.

Le cheval s'offrant de face, le terrain du toro est à la gauche du picador ; le torero qui doit faire le *quite* occupe le terrain que découvre le cavalier, en donnant sa sortie au toro.

Le picador doit piquer en *los rubios*, c'est-à-dire entre les deux omoplates, au milieu de cette protubérance charnue qui orne le cou du toro et qu'il découvre complètement en humiliant. Toutes les piques placées là avec précision sont bonnes. Le *maronazo*, qui déchire la peau et fait une large blessure, est défectueux.

§ II. — DIVERSES SUERTES DE PIQUE

Dans la plupart des *suertes* de *vara*, le picador cite le toro. Dressé sur ses étriers, la face changée, il brandit sa pique dans un cri, et l'on ne distingue dans ce visage sombre que le trou noir de la bouche et l'éclat féroce des yeux. Puis, sa pique en arrêt, tous les muscles tendus, il attend le choc.

PIQUER A TORO LEVANTADO. — Cette pique s'exécute à la sortie du toril, alors que le toro, dépourvu d'expérience, est en possession de toute sa fougue et porte haut.

Le succès dépend en grande partie de la franchise de l'animal ; aussi, ne l'exécute-t-on qu'avec les toros *boyantes* ou *levantados*.

Le picador se place en face du toril, le flanc droit de son cheval parallèle à la barrière, laissant entre elle et lui un espace de 4 mètres ; le toro surgissant de sa loge ne peut manquer de l'apercevoir et de l'attaquer de prime abord. Arrivé par la gauche, le toro, pour que la suerte soit impeccable, doit incliner vers la droite et prendre sa sortie entre la barrière et le cheval. Cette suerte peut se décomposer ainsi : au moment du choc, le cheval se tient immobile, dans une ligne sensiblement parallèle à la barricade et au toro. Au moment où le picador découvre au toro son terrain de sortie, il place son cheval perpendiculairement à l'axe du corps du fauve maintenu parallèle à la barricade. Voici comment manœuvre le picador : le fer engagé, sans cesser de peser sur la pique pour maintenir le toro immobile et cornes baissées, il déplace son cheval, en le faisant pivoter sur ses pieds de devant d'un quart de cercle sur la gauche, dans la direction du centre de la place. Le cheval, qui naguère faisait face au toril regarde maintenant la barrière et le flanc droit du toro. Loin de maintenir le toro comme au début de la collision, alors qu'il le recevait de face poitrail contre garrot, le picador, placé un peu en arrière et perpendiculairement au fauve, l'oblige à prendre sa sortie le long de la barrière, en précipitant sa marche en avant par une pesée plus violente. Si le toro refuse la sortie et se retourne, il trouvera le picador lui présentant le flanc droit de son cheval, en garde prêt à piquer.

Si, à la deuxième attaque, le cheval est blessé, et s'il y a une chute, le picador peut tomber entre le cheval et la barricade; sinon, continuant son mouvement, il vient se ranger parallèlement à la barrière, la pique tournée vers le centre de l'arène. Avec des toros *pegajosos*, le picador doit piquer avec la plus grande violence et charger sur le bois de toute sa vigueur, afin de faire violemment humilier le fauve. C'est le moment qu'il choisit pour croiser son cheval, en sorte qu'au moment où il relève la tête, le toro découvre nettement sa sortie et ne voit pas le cheval.

PIQUER LE TORO EN SU RECTITUD (dans son axe). — Cette pique s'effectue avec un toro un peu fatigué (*parado*). Elle est plus difficile que la précédente, parce que le toro s'attache plus au corps.

Le picador est placé perpendiculairement à la barrière, lui tournant le dos. Le toro, sur la même ligne, lui fait face, ayant derrière lui le centre de la place.

Arrivé de face, le toro, pour que cette suerte soit parfaite, doit, sous l'effort de la pique, prendre sa droite et lorsque le picador s'est effacé, accepter sa sortie dans cette direction, entre le cheval et le centre de la place.

Cette suerte peut se décomposer en deux mouvements principaux :

1º Au moment du choc, poitrail contre garrot, le picador est placé sur la même ligne que le toro, perpendiculairement à la barrière ;

2º Au moment où le picador découvre son terrain de sortie au toro, il range son cheval par le flanc gauche, dans une ligne relativement parallèle à la barrière.

Voici comment manœuvre le picador: Il cite le toro; le fer engagé, contrairement à ce qu'il fit dans la suerte précédente, sans cesser de peser sur la pique, il déplace, en le faisant lentement pivoter sur ses pieds de derrière, l'avant-train de son cheval d'un quart de cercle sur la gauche, dans la direction de l'extérieur de la place. Le cheval, qui naguère faisait face au centre de l'arène, est maintenant parallèle à la barrière. Le toro forçant sur la pique, en même temps que tourne le cheval, s'est complètement déplacé. Le picador d'une pesée continue lui repoussant l'avant-train, lui a fait décrire un quart de cercle à droite, à l'intérieur du centre de la suerte, dans la direction de la tête du cheval. De telle sorte qu'au moment où il lâche prise, cheval et toro se trouvent en quelque sorte flanc à flanc. Dans ce mouvement, le cheval pivote sur ses pieds de derrière, en déplaçant son avant-train d'un quart de cercle vers l'extérieur de la place, tandis que le toro pivote, au contraire, sur ses pieds de devant, en déplaçant son arrière-train de la même quantité, dans la même direction. Cheval et toro sont en quelque sorte liés par un point de contact immuable : le fer de la pique, sommet d'un angle mobile, dont les côtés se rapprochent de plus en plus. Ce mouvement correctement effectué, la tête du cheval est un peu en arrière de l'avant-train du toro qui, ne voyant plus son adversaire et poussé en avant par la pique, prend la sortie qu'on lui découvre nettement.

PIQUER ATRAVESADO (par travers). — A une certaine distance, le cheval, placé parallèlement à la barrière, présente le flanc droit au toro. Arrivé de face, le toro doit prendre sa gauche et accepter sa sortie dans cette direction, entre le cheval et le centre de l'arène. Le cheval ne change pas de position ; pour sortir de la suerte, il se défile parallèlement à la barrière.

Le picador attend, pour placer la pique, que son adversaire le serre de près et qu'il humilie. Le fer engagé, se tournant légèrement et se penchant sur la selle, il s'efforce, en lui repoussant l'avant-train d'une pesée continue, de faire décrire au toro un quart de cercle à gauche, à l'intérieur du centre de la suerte, dans la direction de la queue du cheval. De telle façon qu'au moment où, poussant sa monture, il lache prise, cheval et toro se trouvent flanc à flanc, mais au contraire de la suerte précédente, tête bêche. Les deux adversaires, emportés par un élan simultané mais inverse, se disjoignent pour fuir dans une direction opposée.

Piquer a caballo levantado (cheval cabré). — Le picador croise son cheval (le place perpendiculairement à l'axe du toro), un peu sur la gauche.

Arrivé de face, le toro doit, sous l'effort de la pique, conserver sa ligne droite et passer, pour trouver sa sortie, sous le ventre du cheval.

Voici comment manœuvre le picador :

Au moment du choc, il pique fortement et maintient le toro tête basse aussi longtemps que ses forces le lui permettent. Sous la pesée de ce bras, le toro ne peut relever que progressivement la tête. Bientôt les cornes du toro arrivent à la hauteur de l'épaule du cheval. Le picador, à ce moment précis, joue de l'éperon et tire sur le mors du cheval qui se cabre. Penché sur la selle, dans un suprême effort, il pousse en avant le toro et l'oblige, en l'accompagnant de sa pique, à passer sous ce pont de chair vivante. Le cheval pirouette sur ses pieds de derrière et se rétablit. Le picador ne s'occupe plus du toro, qu'un torero retient en l'occupant de sa cape. *Luis Chardo* et *Pablo Cruz* excellaient dans cette suerte périlleuse entre toutes. Mais c'étaient là deux maîtres picadores, et les montures dont ils se servaient étaient vigoureuses et de bouche sensible.

CHAPITRE II

LA CAPE

Bien qu'en Espagne, les jeux de la cape ne constituent pas dans la division technique de la course, une partie spéciale et strictement délimitée, nous n'hésitons pas à lui faire, dans notre manuel français, la largesse d'un chapitre spécial.—Il nous importe peu de savoir qu'en principe, la cape est un pur auxiliaire, et qu'adoptée pour tâter le toro, elle sert, tant pour aider à la sauvegarde du picador, que pour placer, en vue des différentes suertes, le fauve en posture convenable ; il nous suffit de reconnaître qu'elle est un prétexte à jeux brillants, périlleux et en eux-mêmes remarquables.

§ I. — LE CAPÉADOR

Armé de la cape comme d'un bouclier, le torero se réjouit de mettre l'animal en fureur, et le fatigue par des leurres successifs. La brute s'acharne et râle. L'homme, sans colère, d'apparence chétive en regard du fauve monstrueux, évite la mort à tous les chocs et, sans souci du péril, prolonge ses jeux avec sérénité. Non seulement, devant le fauve, il ne perd rien de sa ferme attitude, mesure ses mouvements, les contraint à la grâce, mais encore il s'applique à varier ses feintes, les rend à dessein périlleuses, fait montre de science, se conforme en tout à des règles établies.

Il appartient au torero de démêler dans l'allure du fauve son caractère, ses dispositions, et de faire, à l'aide de la cape, la preuve de son jugement. C'est surtout dans la *brega*, travail préparatoire, pendant lequel il tâte le toro, que son art apparaît et qu'il fait preuve de science. Il est des animaux agiles (*de muchas piernas*); d'autres se déplacent avec lenteur ; certains toros portent haut (*levantados*) ; d'autres humilient avec obstination. Les uns et les autres sont plus ou moins acharnés, braves ou vicieux, et chacun d'eux relève d'une des catégories que nous avons délimitées.

Le capéador cite de loin un animal agile. Tenant d'une main sa cape qui, derrière lui, fait sillage, il prend sa course en même temps que le toro,—se laisse poursuivre et fuit obliquement. Le toro, fasciné par l'étoffe, court en biaisant, le flanc creusé, le cou tordu, le mufle bas. Sa course en est retardée et il se fatigue d'autant. D'autres fois le torero, faisant zigzaguer sa cape, le toro l'accompagne d'un geste de tête dans toutes ses évolutions.

Avec les toros lents, le diestro cite de près et, la cape plus haute frôlant le mufle, règle son allure sur celle de la bête.

Dans toutes les suertes de cape, le torero doit laisser libre à l'animal le chemin de la *querencia* qu'il s'est choisie. Son jeu peut être, dès lors, brillant et sûr.

Il doit s'appliquer à ne plus courir dès que la poursuite cesse et profiter, le plus souvent possible, de l'ahurissement du toro, après une feinte, pour sortir de suerte posément, avec désinvolture et nonchalence.

La cape étant en quelque sorte un bouclier, il doit éviter de se laisser désarmer et dans la chasse dangereuse que le fauve lui donne parfois, c'est seulement quand le péril est absolu qu'il peut, sans faillir, aveugler son adversaire en le coiffant de la cape.

Le capéador, dans ses sorties comme dans ses attaques, doit tenir compte de la situation des terrains que l'immuable règle de son art a établie.

Le *terrain du toro*, ou *terrain en dedans*, est l'espace compris entre l'animal en *suerte* et le centre de la place; le *terrain du torero*, ou *terrain en dehors*, est l'espace compris entre le *diestro* et les barricades. On nomme *centre des terrains*, ou *centre de la suerte*, le terrain qui sépare l'homme du fauve, ou plutôt le point précis où ils se rencontrent.

Le capéador, imbu lui aussi des principes généreux qui constituent le fonds moral de la course, doit rester, pendant les trois tercios, en éveil, prêt à secourir ses compagnons de lutte.

§ II. — DES DIVERSES SUERTES DE CAPE

RECORTE SANS MANTEAU (*a cuerpo limpio*). — On l'utilise pour réduire les toros vigoureux, vifs et coureurs (*muchas piernas*), qui n'ont pas pris un nombre suffisant de *varas* et sont encore *levantados*.

Se laissant approcher de très près, le torero évite le choc, par une sorte de pirouette assimilable à l'écart landais, qui le jette de côté et le place à l'abri des cornes, sur le flanc de l'animal. Le toro, après avoir frappé dans le vide, concevant la feinte, jette violemment la tête de côté, se retourne à demi et brise son élan. Dans ce mouvement spontané, sa colonne vertébrale se cintre, ses jambes de devant se croisent ; il perd son aplomb au point de rouler à terre, si à l'imitation de certains écarteurs languedociens, *Calixte* et *Numa*, le torero pèse de l'épaule sur son flanc. Très sévères, les règlements espagnols interdisent ce recorte, sous peine d'amende et quelquefois de prison.

Recorte avec le manteau. — En même temps qu'il opère le mouvement que nous venons de décrire, le torero, pour éviter une atteinte possible, fait passer le toro dans les plis de sa cape qu'il porte ployée sur l'avant-bras, comme un manteau à la promenade. Le jeune diestro *Reverte* s'est acquis une réputation méritée dans l'exécution de cette suerte.

La véronique. — Le *diestro* se place en face du toro, bien dans sa ligne. Sa cape, qu'il maintient par le collet, à hauteur de poitrine, est largement déployée. Il cite l'animal qui fonce. A ce moment, se découvrant le corps, il porte d'un geste prompt sa cape de côté, en étendant latéralement les deux bras dans le même sens. L'animal, uniquement préoccupé de l'étoffe, et ne doutant pas qu'elle recouvre autre chose que le vide, suit son évolution, s'encapuchonne et passe. Le torero ramène alors sa cape par dessus la tête du toro, avec une vigueur telle que, dans la plupart des cas, elle vient d'elle-même s'enrouler autour de son buste. C'est à l'énergie de ce geste que nous devons d'admirer quelquefois le torero, quittant la place presque en pleine suerte, élégamment drapé et dédaigneux.

Pour exécuter une série de véroniques, le capéador fait un rapide demi-tour et accueille, comme il convient, de nouvelles attaques.

NAVARRAISE. — Le torero cite de plus près et les bras ballants ; sa cape traîne à terre. Sans remuer les pieds, dans une légère flexion du corps et par un déplacement de cape semblable à celui de la véronique, il fait passer à côté de lui l'animal qui, comme précédemment, fonce dans l'étoffe. Un demi-tour, et si le toro s'y prête, le capéador est en suerte, prêt à recommencer.

On cape à la véronique les toros *levantados*. La navarraise est destinée à ceux qui portent bas le chef.

DE CÔTÉ (*al costado*). — On peut tenir la cape par devant ou la tenir par derrière.

Pour caper *de côté et par devant*, le diestro présente le flanc au toro. Étendu latéralement dans toute sa longueur, le bras qui fait face à l'animal maintient la cape par l'un des bouts du collet ; l'autre bras, ramené sur la poitrine, maintient l'autre bout. Le torero, se profilant de son mieux dans l'étoffe entièrement déployée, se dérobe à la vue du toro et cite avec le bras étendu. L'animal, parvenu à *juridicion* (au point de contact), le torero, sans modifier notablement, par rapport à son propre corps, la position initiale de la cape, se déplace en demi-cercle de façon à offrir au toro une surface d'étoffe de plus en plus considérable. La cape, qui était, au début de la suerte, profilée sur l'axe du corps du toro, lui est, sur la fin, perpendiculaire. Le torero n'a plus, dès lors, qu'à retirer le bras pour ramener l'étoffe par dessus la tête du toro et lui faire prendre sa sortie.

Pour *caper de côté et par derrière*. — La cape est tenue de dos, et la main, qui était sur la poitrine, ramenée maintenant sur l'omoplate, tient, comme précédemment, l'un des bouts du collet.

DE FACE, PAR DERRIÈRE (*frente por detras*). — C'est là une véritable véronique exécutée par derrière, la cape tenue à hauteur des reins. Le diestro attend l'animal et fait un demi-tour de côté, pour faciliter sa sortie sous le manteau. C'est dans cette suerte, l'une des plus jolies, et dans le *galeo*, qu'excelle *Paco Frascuelo*, le frère de l'illustre matador.

GALEO. — Le torero, tenant les deux bouts du collet par dessus les épaules, s'enveloppe dans la cape comme dans un châle de femme. Le toro suit avec obstination la cape qui ballonne, et soit en zigzagant, soit en tournant en demi-cercle, le torero évite son atteinte et ne tarde pas à le fatiguer.

FAROL. — Le torero fait tournoyer la cape autour de sa tête. L'animal suit l'évolution, fait le tour du corps du diestro et se trouve au point de départ.—*Cara Ancha* a su se faire du *farol* une glorieuse spécialité.

En rond (*redondo*). — Le torero, tournant sur lui-même, tient sa cape des deux mains et la laisse traîner à terre, largement étalée. Le toro, pourchassant l'étoffe, décrit la même circonférence que le manteau.

A genoux (*quiebro de rodillas*). — Le torero, à genoux, bien en face du toro, cite, la cape jetée sur le bras droit. Avant que le fauve n'arrive sur lui, d'un mouvement gracieux il incline son corps vers la droite et profite, au moment du coup de tête de ce que le toro humilie pour reprendre brusquement sa position première et naturelle. Le coup de cornes porte dans la cape, à la place exacte qu'occupait, pendant la feinte, le buste du torero. Cette suerte des plus dangereuses se fait généralement dès la sortie du toril, alors que le fauve est en possession de toutes ses qualités de franchise.

Le vrai *quiebro de rodillas*, tel que l'exécute *El Gallo*, est celui-ci : Le *torero* à genoux fixe l'attention du toro sur sa cape qu'il agite et maintient haute avec le bras gauche. Quand l'animal va humilier, il porte d'un geste brusque son bras sur la droite et fait passer devant lui le toro comme s'il exécutait une passe de poitrine. Le toro, qui semblait, au moment où on le citait, devoir passer à la gauche du diestro, suit donc le mouvement de la cape et passe à sa droite.

CHAPITRE III

DU QUITE

Le torero peut subir l'affront d'un échec dans la lice. D'un seul coup, en butte à d'insolites défaillances, il lui arrive de voir sa valeur décroître et son prestige faiblir. Mais si l'on peut citer des toreros qui, dans leur carrière, ont tremblé pour leur vie, l'exemple fut rare de ceux qui ne se sont pas, à chaque instant, sacrifiés pour le salut de leurs compagnons de lutte. Le torero n'a pas seulement le courage et l'habileté nécessaires à l'accroissement de son renom, il sait aussi seconder un camarade et recouvrer, pour le tirer d'un péril, la vaillance et le sang-froid qui lui manqueraient, à coup sûr, s'il ne s'agissait que de lui.

Cette admirable abnégation, coutumière aux toreros espagnols, a donné naissance à une suerte particulière, dotée d'un nom spécial : *le quite*.

Au moment où le toro se précipite sur un cavalier, le torero chargé du *quite* se tient prêt à lui donner sa sortie après le châtiment, et surtout à l'entraîner du côté opposé, si le picador désarçonné gît sans défense.

La principale façon de détourner le toro dans le quite au picador (car il y a aussi le quite au torero) consiste en une *larga* ou *punte de capote*.

Larga. — Le torero ramasse sa cape en plis réguliers et serrés. Arrivé à portée du toro, il lui lance, en la retenant toutefois par l'un de ses bouts, l'étoffe à la tête. La cape, maintenue à bout de bras, se déploie dans toute sa longueur. L'attention du toro est généralement détournée par le frôlement de cette étoffe flamboyante ; ses yeux ne la quittent plus, ses cornes s'efforcent de l'atteindre ; le torero peut alors se faire poursuivre, ou bien, s'il le juge loisible, balayant le sol d'un brusque coup de fouet, rejeter vers une autre direction le toro, qui ne manque pas de suivre le crochet décrit par la cape.

Les *largas* de *Lagartijo* sont devenues classiques.

Toutes les suertes de cape sont bonnes pour le quite.

La plupart des toreros mettent une certaine coquetterie à l'exécuter. Ils s'appliquent, tant leur art est merveilleux, à rendre périlleux pour eux-mêmes le sauvetage qu'ils opèrent. De telle sorte qu'on ne sait ce qu'il faut le plus applaudir de leur courage ou de leur mérite.

De même que tout torero blessé est autorisé à se servir de n'importe quel expédient pour éviter le danger, de même tous les moyens d'action sont admis dans le quite ; mais il est bon de les pratiquer avec discernement car une cape bien lancée fait plus pour le salut d'un homme que l'empressement maladroit de plusieurs toreros.

Maint torero s'est vu parfois forcé de saisir par la queue (*quite coleando*) un animal trop acharné. Dans les quites fameux inscrits au livre d'or de la tauromaquie, on cite de réels actes d'héroïsme. On pourrait en énumérer plusieurs à l'actif de l'infortuné Jose Delgado (*Pepe Hillo*), mort dans l'arène, en pleine maturité de talent.

Dans une chûte malheureuse, le picador *Ortega* roule à terre, sans défense, abandonnant son cheval et sa pique ; le toro allait infailliblement l'éventrer. *Pepe Hillo* ramasse la lance, se porte au devant de la bête furieuse et de pied ferme attend le choc. Il fut assez heureux pour détourner son adversaire et sauver ainsi d'une mort certaine son malheureux picador.

Qui oserait nous taxer de paradoxe, quand nous disons que l'arène est une noble école ? Où trouver pareil enseignement d'héroïsme et d'abnégation ?

A quel spectacle assiste-t-on d'un cœur plus viril ? Où chercher, pour des âmes hautaines, plus ample moisson de sentiments généreux ?...

DEUXIÈME TERCIO

LA BANDERILLE

Les Toros, après le châtiment, passent aux banderilles. Ils sont alors *parados*. Leur fougue première est tombée; plus circonspects et plus prudents, ils ne partent que sur une provocation. Dans cette lutte sans merci le fauve prend la défensive. Il semble raisonner et mesurer ses coups; le fer de la pique et les leurres du manteau ont abattu sa fougue, mais sa vigueur subsiste, à peine atténuée par la fureur du combat. C'est alors que paraît le banderillero. La soie légère de sa parure étreint son corps et plutôt qu'elle ne le vêt, dégage sa sveltesse. En mains ses frêles baguettes enjolivées de rubans et de fleurs, jouets puérils plutôt qu'instruments de torture, il affronte seul la colère du fauve. Impassible en sa

grâce conquérante, après l'impérieux appel, le banderillero s'immobilise ou s'élance, et sur une feinte adroite, toujours hazardeuse, s'efforce, en évitant une blessure mortelle, de piquer l'animal au-dessus du garrot.

§ I. — HISTORIQUE ET DESCRIPTION

Les règles de cette partie de la *Corrida* ont été définitivement fixées vers le milieu du siècle dernier, par Juan Romero de Ronda, fils de Francisco Romero, celui qui fit du *toreo* un art véritable; Juan Romero instruit par son père, créa les cuadrillas régulières de picadores et de banderilleros. Le fils de Juan, Pedro Romero fut le maître incontesté dans cet art périlleux et le rival de l'infortuné Pepe-Hillo.

Les banderilles sont de petits bâtons légers terminés à l'un des bouts par une pointe en fer barbelée, qui les fixe dans la peau; ces bâtons sont enguirlandés de papier multicolore, de rubans de soie ou de fleurs. Il y a trois sortes de banderilles: la banderille ordinaire, d'une longueur de 0,70 centimètres, la banderille *a cuarta* (quart de banderille) de 0,25 centimètres et la banderille à feu, armée à la pointe d'une pièce d'artifice à ressort. On se sert généralement des banderilles ordinaires, mais lorsque le torero veut briller, il pique les banderilles *a cuarta*, qui plus courtes, sont plus difficiles à poser. Autrefois, on lançait dans la plaza des bouledogues pour exciter l'ardeur des toros trop mous, on ne les utilise plus aujourd'hui, et c'est la banderille à feu qui sert de stimulant. Inutile de dire que les ganaderos sont très sensibles à cette marque de désapprobation.

On ne doit banderiller à feu, que le toro qui n'a pas voulu prendre les trois piques règlementaires. Tout toro qui n'a pris aucune banderille est ramené au corral pour être livré au boucher.

§ II. — LE BANDERILLERO

Aux qualités de courage de sang-froid et de science du torero, le banderillero doit joindre la plus grande légèreté et la plus parfaite souplesse. Il doit pouvoir faire en temps opportun une flexion de corps assez prompte pour éviter les coups de cornes de près, les plus dangereux.

C'est à cette suerte que le torero applique ses qualités d'observation ; là surtout il peut donner la preuve d'une expérience indispensable. S'il est bon de se décider et d'agir avec rapidité, il est meilleur encore de juger son adversaire et de choisir pour la lui appliquer, parmi les nombreuses suertes de banderilles, celle qui lui convient le mieux. C'est en outre de la connaissance certaine des *querencias* de l'animal que dépend au premier chef la correction du jeu du banderillero et sa sureté personnelle.

Les faux départs et les tentatives infructueuses sont vues d'un mauvais œil par les amateurs éclairés. Il n'est rien de plus pitoyable en effet que le spectacle d'un torero jetant ses banderilles pour courir éperdûment à la barrière.

§ III. — DIVERSES SUERTES DE BANDERILLES

De noble prestance et portant haut son regard clair, l'homme affronte la bête. Immobile, le torse cambré, d'un cri provocateur, il cite l'adversaire au combat et les frêles banderilles que ses poings crispés maintiennent rigides semblent, de leurs pointes en arrêt, appeler le péril. Le fauve s'élance, frôle l'homme et bondit, du sang et des couleurs nouvelles au garrot.

AL QUIEBRO (à l'écart). — C'est la suerte par excellence, l'œuvre glorieuse de *Antonio Carmona el Gordito*.

Le torero, les pieds réunis, le corps dégagé et bien dans la ligne d'attaque, cite, les banderilles tendues en avant et visant la bête, au moment où elle fonce, alors qu'il est à quelques mètres d'elle, le banderillero, sans disjoindre les pieds, porte par une flexion latérale du buste son corps tout d'un côté. Le toro pris à cette feinte fonce droit sur l'obstacle qui lui apparaît bien réel. Mais dès qu'il humilie pour porter son coup de corne le torero, comme, mû par un ressort, se redresse et reprend sa position première et naturelle. Le toro frappe dans le vide sur la place qu'on vient de lui découvrir et le banderillero pique au passage.

Cette suerte se prête à des variations d'un grand effet. Citons le *quiebro en la silla* (écart sur la chaise) et le *quiebro con un hombre entre las piernas* (avec un homme couché entre les jambes). Dans ces deux suertes comme dans la précédente un quiebro de ceinture donne sortie à l'animal.

Topa carnero (de poitrine, de pied ferme ou de front). — Le banderillero se place assez loin de la bête et bien en face d'elle ; il cite, les banderilles tendues ; dès que l'animal arrive sur lui et humilie il s'efface par un écart oblique qui le porte d'un pas en avant et de côté. La grande coquetterie de cette suerte consiste à faire l'écart très-petit en restant sur place, tandis que le toro passe à fond de train. On ne tente cette suerte qu'avec les toros francs ou bien encore avec ceux qui se dirigent vers leur *querencia*.

Media vuelta. — *Demi-tour.* — Dans cette suerte le banderillero se place derrière le toro un peu de côté et court sur lui. Arrivé à distance convenable soit par un cri, soit en entrechoquant ses banderilles il attire l'attention de la bête; dès qu'elle tourne la tête et humilie, le torero pique les banderilles, observant en cette seconde le côté par où son adversaire doit partir afin de s'échapper par l'autre.

De préférence on doit placer le toro la face tournée vers le centre de l'arène ; le torero peut alors se réfugier derrière les barricades.

On pique aussi à la *media vuelta* en profitant du moment où une première paire a été piquée par un autre torero. Le toro dans la grande fureur que lui cause sa première blessure ne songe pas à poursuivre le nouveau banderillero.

AL SESGO (de côté) OU VOLAPIÉ (en courant) OU TRANS-CUERNO (entre-cornes). — Cette suerte des plus dangereuses ne s'exécute qu'avec les toros *aplomados* (alourdis) ou qui tiennent querencia. En tout autre cas une blessure est inévitable.

Le diestro se place derrière le toro et de côté, assez loin pour ne pas en être aperçu. Un capeador la plupart du temps détourne l'attention de l'animal. Au moment opportun le banderillero part à toute vitesse sur le toro immobile et profitant de l'indécision que cause à la bête l'imprévu de son apparition, s'arrête imperceptiblement, lui fait face, pique ses banderilles, se détourne et fuit dans un brusque crochet.

On peut encore se placer en face de l'animal, partir sur lui à fond de train en décrivant un petit arc de cercle, piquer sans arrêt perceptible et fuir à toutes jambes. Dans cette suerte, on le voit, le torero seul se déplace ; le toro reste immobile.

CUARTEO (quart de cercle). — Cette suerte, l'une des plus usitées, s'applique tant aux toros arrêtés qu'aux toros en mouvement. Le banderillero se place bien en face du toro s'il est immobile ; il cite, la bête part; le diestro court sur elle en décrivant un arc de cercle ; arrivé sur l'animal et dans la zône dangereuse il étend les bras, s'arrête un temps, pique et s'échappe en profitant de la stupeur du fauve.

La suerte est en tous points semblable, moins l'appel, si le toro est en mouvement.

Une variation brillante de cette suerte consiste à tendre les banderilles au-dessus du garrot de façon à ce que l'animal se les pique lui-même en donnant le coup de tête.

On ne peut piquer au *cuarteo* que des toros préalablement fatigués. En tous cas si l'animal gagne du terrain, il ne reste plus au banderillero qu'à courir droit sur la bête : l'arc de cercle étant décrit de très près, le toro, quelque vicieux qu'il soit, ne peut se rendre compte de la direction que va prendre le torero en sortant de suerte.

AU PAS. — En piquant ses banderilles au pas le torero exécute un *cuarteo* pur et simple, avec cette différence qu'au lieu de courir à la bête il marche à sa rencontre posément.

AL RELANCE (au relancé) OU A VUELVE DE CAPOTE (dans les plis du manteau). — Un torero aidé de la cape se laisse poursuivre par l'animal ; le banderillero court sur la bête, la croise, pique et sort du côté opposé tandis que le toro continue à suivre l'étoffe.

AL RECORTE (au razet). — C'est une suerte des plus méritoires, mais il est assez rare de la voir exécuter. Le torero marche à l'animal et fait un recorte de façon à se placer contre son flanc ; il tend alors ses bras sur le garrot du fauve qui se pique lui-même les banderilles dans le coup de tête. Il faut remarquer dans cette suerte que les banderilles sont piquées d'arrière en avant.

Approvechando (en profitant). — Le banderillero pique *approvechando* en exécutant n'importe quelle suerte toutes les fois qu'il profite d'une circonstance heureuse et n'adresse pas d'appel direct à la bête.

§ IV. — DE QUELQUES AUTRES SUERTES A PIED

Se prêtant à des variations très gracieuses, le saut est inimitablement exécuté par les Landais. Ces toreros, d'une remarquable agilité, s'en sont fait une spécialité et ont porté l'effort de leur imagination sur cette partie de la course.

Saut al transcuernos (en travers). — Pendant que le toro poursuit un capeador, le torero s'élance et le franchit en travers par dessus les cornes.

Saut sur la tête. — Pour l'exécuter il est bon de s'adresser à un toro *parado*. Le torero cite son adversaire, l'attend et profite de ce qu'il humilie pour poser son pied à la base des cornes ; s'aidant alors de ce redoutable tremplin, il se laisse en quelque sorte soulever et franchit l'animal d'un bond.

Saut a la perche. — Muni d'une *vara*, le diestro se retire au milieu de l'arène. Il attend que le toro l'aperçoive et se dirige sur lui. Lorsqu'une faible distance le sépare de son adversaire, il s'élance à son tour, et prenant un élan nécessaire, s'enlève en s'aidant de la perche et retombe derrière le toro.

SAUT SANS PERCHE. — Ce saut que les toréadors français exécutent avec une rare perfection est d'un mérite remarquable. Le diestro prenant du champ s'élance les mains nues au devant de son adversaire et s'enlevant d'un effort des jarrets le franchit d'un bond.

Certains toreros landais, se profilant sur la ligne d'attaque, attendent l'animal de pied ferme, et lui livrent passage en s'élevant sur place et simplement en hauteur.

TROISIÈME TERCIO

L'ÉPÉE

CHAPITRE PREMIER

DU MATADOR

§ I. — HISTORIQUE

Dans les siècles passés, la mort du toro n'était soumise à aucune règle ; généralement un cavalier abattait l'animal d'un coup de lance ou d'épieu (*rejon, rejoncillo*) ; parfois même à l'aide d'un instrument tranchant appelé *media-luna* (demie-lune), sorte de croissant en acier fixé à l'extrémité d'un bâton on lui sectionnait les tendons des pieds de derrière ; on achevait le fauve accroupi soit d'une saignée, soit

en le frappant au cervelet d'un poignard spécial (*puntilla*).

En 1726 un jeune homme intelligent et courageux, Francisco Romero de Ronda, écœuré de cette façon grossière et brutale de se débarrasser d'un adversaire noble et vaillant, résolut de le combattre à pied, face à face. Doué d'un grand esprit d'observation, il étudia dans le secret, et, sûr de lui, défia le fauve, n'ayant pour armes que l'épée et la muleta. Dès ce jour, le *torco* fut créé et l'enthousiasme du public consacra cet art où la grâce de l'homme s'allie si bien au courage des héros. L'intelligence et l'adresse triomphaient de la force brutale.

§ II. — L'ALTERNATIVE

Dans le monde des toreros, le droit à l'épée est une consécration suprême, sanctionnée par le don précieux de l'alternative. Combien ont vécu de cet espoir qui sont morts inconnus ou ont vieilli dans un emploi subalterne !

Au moment de donner l'alternative à un torero, (en général un sobresaliente ayant déjà estoqué dans les novilladas), l'espada s'avance vers le postulant et tenant sa montera d'une main, lui offrant de l'autre l'épée et la muleta, prononce les mots sacramentels : « *Toma usted, y quiera Dios que le salga con provecho.* » — « Prenez, et plaise à Dieu qu'elle vous soit un honneur. » Le néophyte prend alors les insignes glorieux et va au toro. A partir de ce moment il a le droit d'alterner avec les autres matadores, ses pairs, soit dans les courses royales, soit dans les courses de gala.

Autrefois l'alternative n'était valide qu'autant qu'elle était concédée dans les plazas de Séville, Madrid et Ronda, ce berceau du *toreo,* ou bien dans toute autre plaza appartenant au *Real cuerpo de caballeros maestrantes.* Aujourd'hui l'alternative peut être donnée dans toutes les places de premier ordre.

§ III. — LE BRINDIS

A l'appel des trompettes, pendant que retentit encore le sourd roulement du tambour, le torero, armé pour le duel suprême, se tient immobile, le front levé sous la loge d'honneur. De la main gauche il tient l'épée et la muleta et son bras droit tend sa montera vers le ciel. « *Brindo por el señor... yo voy a matar aquel toro o el tiene que matarme.* » — « Je vous dédie la mort de ce toro, je le tuerai s'il ne me tue. »

Tête nue, le serment prononcé, son sourire impassible indiquant sa volonté suprême, le matador se présente au toro, rehaussé du prestige de sa bravoure, grandi par le vœu de nos cœurs. La muleta tendue un peu en dehors déroule ses plis, s'étale large et rouge ; l'animal surpris, pointant les oreilles, fixe d'un regard obstiné l'étoffe éclatante ; le torero, l'épée à la main droite, le torse cambré, d'un geste de tête hautain semble défier le péril.

§ IV. — ROLE DU MATADOR

L'épée mesure en général 90 centimètres dont 10 pour la garde qu'entoure un ruban de laine rouge.

La muleta est un voile écarlate tenu en étendard sur un bâtonnet. Elle sert à placer le fauve en situation favorable pour l'estocade.

A part la mort qu'il doit donner au toro, le matador doit s'occuper de la direction de son quadrille, avoir souci de la sécurité de tous, être au quite du picador, laisser châtier plus ou moins l'animal suivant son degré de puissance, veiller à ce que tout se passe dans l'ordre le plus parfait. Il a donc besoin d'une complète intelligence de la course et de la plus grande fermeté. Son autorité s'étend d'une façon absolue sur tous les hommes du quadrille, et lui seul les dispose comme il l'entend.

Il ne pique généralement les banderilles qu'à la demande du public et après en avoir obtenu l'autorisation de la présidence.

CHAPITRE II

LES PASSES DE MULETA

La *suerte* de *muleta* est, de toutes celles qui se pratiquent pendant la course, la plus difficile et la plus brillante ; elle est, en outre, la plus dangereuse : elle exige de la part du matador toutes les qualités du bon *lidiador de toros*. A cette heure suprême, les toros, alourdis par leur fureur tombée, mesurent leurs attaques, deviennent rusés (de *sentido*); aussi, la plupart distinguent-ils l'ennemi du leurre qui les a toujours trompés, et ce n'est qu'avec une connaissance approfondie de l'art, unie au plus grand sang-froid, que le matador peut sans péril aborder la bête et faire admirer sa vaillance et la classique élégance de son jeu.

Les passes de muleta doivent être faites de près, sans précipitation, avec la plus grande sérénité *et en remuant les jambes le moins possible.*

PASSE NATURELLE OU RÉGULIÈRE.—Elle s'exécute généralement la première. Le matador se place bien en face du toro et dans sa ligne ; la main gauche tient la muleta un peu en avant et absolument *cuadrada* (formant le carré, largement déployée); le pied droit est légèrement placé en avant. Il cite. Dès que le toro arrive à portée (*juridicion*) et humilie, il lui laisse tâter l'étoffe en le dirigeant sur la gauche en même temps qu'il détourne légèrement le haut du corps pour le laisser passer.

La sortie prise, le diestro retire brusquement la muleta par dessus la tête de l'animal, fait un quart de tour sur les talons et se retourne, le bras croisé sur le buste, présentant la muleta sur la droite et armé pour la passe de poitrine.

Passe de poitrine.—La bête s'étant retournée et remise en garde, le torero placé de profil, l'épée en arrière, le bras gauche en avant de la poitrine, présente la muleta sur la droite, détachée du corps, et dans la ligne du toro. Il cite, laisse approcher, et fait un léger écart en ayant soin d'aveugler la bête de l'étoffe; il lui donne sa sortie par la droite et ne retire la muleta qu'au moment du coup de cornes.

Les diverses passes de muleta dérivent toutes des deux premières ; elles sont employées suivant les conditions de l'animal ou les dispositions du matador.

Passe cambiado (changée). — Après une passe naturelle, le matador fait passer sa muleta de la main gauche dans la main droite et la tient en même temps que l'épée. Placé de biais, par rapport au fauve, il lui présente de très près la muleta dont il élargit le voile avec la pointe de la lame ; de cette façon, il cache à son adversaire la vue de tout autre objet. La passe *cambiado* étant une passe naturelle faite de la main droite, il consomme la suerte en faisant passer la bête sous la muleta qu'il relève au moment de l'attaque.

Passe alto (haute). — Elle se fait en tenant la muleta au-dessus des cornes et s'applique aux toros qui portent haut.

Passe de telon (en rideau). — Est une passe haute ; la muleta largement déployée est levée perpendiculairement au moment de la suerte : tel un rideau de théâtre.

Passes en redondo (en rond). — Quand le matador, par une série de passes basses, fait décrire un cercle autour de lui, par l'animal, ces passes sont dites *en redondo*.

Passes con la derecha. — Sont les passes de muletta faites avec la main droite.

Avec les toros vicieux qui évitent la muleta pour s'attacher à l'homme, la diestro fait placer à quelques pas de lui en arrière et de côté un *capeador* chargé de reprendre le toro dès que celui-ci rencontre la muleta et de l'empêcher de revenir sur lui ; le capéador use encore de sa cape pour ramener le toro sur le matador et facilite ainsi l'exécution d'une nouvelle passe.

CHAPITRE III

L'ESTOCADE

L'estocade est le coup d'épée donné par le matador qui termine ainsi le drame.

C'est une grave erreur, assez répandue en France, de croire que le toro doit s'abîmer sous le premier coup d'épée ; tout dépend du degré de vitalité de l'animal et de la partie lésée par l'arme. Il est même très-rare et dans ce cas le hasard fait la plus grosse part de la besogne, de se débarrasser de ce robuste adversaire du premier coup. Le diestro peut porter son estocade dans toutes les règles de l'art et ne causer à son ennemi qu'une insuffisante blessure.

§ I. — DIVERSES FAÇONS D'ESTOQUER.

Les passes de muleta ne sont qu'une préparation à la suerte suprême. En principe il n'y a que deux façons d'estoquer: à toro reçu *(recibir)* ou au pied levé *(volapié)*; toutes les autres suertes dérivent de ces deux premières.

RECIBIR (à toro reçu). — Cette suerte inventée par Francisco Romero fut longtemps la seule en usage.

C'est de toutes la plus belle mais c'est aussi la plus dangereuse. Le matador qui la pratique doit posséder la plus grande compétence et connaître à fond le caractère et les conditions du toro qu'il provoque ; une erreur pourrait lui coûter la vie. De nos jours cette suerte favorite des illustres maîtres se pratique peu; les toreros actuels lui préfèrent le volapié, moins dangereux et plus facile. *Cara-Ancha* est un des rares matadores qui pratiquent encore cette suerte admirable.

Pour citer au *recibir* il est rigoureusement nécessaire que le toro soit noble (*boyante*), qu'il obéisse bien au leurre et suive la feinte sans se laisser distraire ; s'il en est autrement, il est matériellement impossible d'estoquer à toro reçu.

Lorsque l'animal *cadre* parfaitement c'est-à-dire se présente bien de face les jambes de devant sur une même ligne, le torero se place à une courte distance et profile son corps sur la corne droite du toro ; il fait face au terrain d'en dehors.

Le coude haut, la main droite devant la poitrine et le bras faisant une même ligne avec l'épée, il vise l'endroit où il doit frapper ; la main gauche abaissée de toute la longueur du bras dans le même sens que l'épée, tient la muleta liée, c'est-à-dire ramassée contre la hampe, de façon à ne pas embarrasser les jambes. Alors, les pieds en équerre, le matador cite de près ; dès que l'animal humilie, il le dirige en dehors sur la droite avec la muleta, et frappe *sans déplacer les pieds* tant que la main n'a pas abandonné l'épée.

On ne doit pas tenter plus de deux fois le *recibir* avec le même toro.

Volapié (au pied levé). — Elle fut inventée par Joaquin Rodriguez Costillares, vers la fin du siècle dernier. Avant lui, les matadores ne tuaient qu'à toro reçu, et comme souvent il arrivait que les conditions de la bête ne se prêtaient pas à cette suerte, on tranchait les tendons des pieds de derrière et le puntillero achevait le fauve abattu. Costillarès fit disparaître cette coutume barbare en instituant le volapié qui permet de tuer à l'épée des toros de toute catégorie. Brillante et facile, cette suerte se répandit et bientôt jouit d'une grande vogue; elle est presque uniquement employée de nos jours.

Pour tenter cette suerte il est nécessaire que le toro soit *aplomado*, cadre bien et porte la tête naturellement; le diestro se place en face de lui, mesure son coup et s'élance. En arrivant à la tête, il baisse la muleta jusqu'à terre, en frôlant de l'étoffe le mufle du toro qui humilie; à ce moment il frappe, marque la sortie avec la muleta et s'échappe en courant.

Le volapié est d'autant plus brillant que le torero attaque de plus près et s'engage entre les cornes. Don Luis Mazzantini est inimitable dans cette suerte.

A un tiempo (à un temps). — Cette estocade est toujours involontaire; le diestro la consomme lorsque armé pour le volapié le toro s'élance soudain sur lui; il le reçoit alors avec la muleta et lui indique sa sortie.

Aguantando (au passage). — Cette suerte, très souvent confondue avec le *recibir*, en diffère cependant. Le torero se place dans la ligne du toro, cite, retire la muleta, se dérobe par un écart de ceinture et un demi pas, et frappe au moment où le toro l'a dépassé de la tête. Comme on peut le voir par comparaison avec le *recibir*, cette suerte diffère de lui en ce que le torero change de place et donne la sortie au toro par un écart et non avec la muleta. — C'est une suerte de grand mérite fréquemment employée par Salvador Sanchez (Frascuelo).

AL ENCUENTRO (à la rencontre). — Cette estocade qui dérive du volapié, a beaucoup de ressemblance avec l'estocade à un temps, elle diffère toutefois de cette dernière en ce que le torero cite le fauve, tandis que dans l'autre le toro part sans être provoqué.

Les autres estocades que nous allons citer, sont dites de recours, parce qu'elles ne sont employées que pour abattre les toros vicieux et rebelles. Les estocades de recours se rattachent aux diverses poses de banderilles. Il y en a trois principales :

A LA MEDIA VUELTA (au demi-tour). — Comme dans la suerte de banderille qui porte ce nom, le torero, placé derrière le toro, court sur lui, appelle son attention et le frappe au moment où il se retourne.

AU PAS DES BANDERILLES. — Le torero part sur le toro immobile et le frappe en passant.

A LA CARRERA (à la course) s'emploie très peu ; dans

cette suerte, le diestro profite du moment où le toro court pour le croiser et lui donner l'estocade.

Du pinchazo (piqûre). — Il arrive parfois qu'à la suite d'un faux mouvement de l'animal, l'épée rencontre un os et ne pénètre pas : c'est le *pinchazo*. Souvent dans ce cas la force du coup fait plier la lame et l'arme rebondit en l'air. Le *pinchazo* est toujours une estocade bien signalée, et prouve que le diestro a piqué au bon endroit ; une circonstance indépendante de sa volonté, est cause du résultat infructueux du coup qu'il a porté.

§ II. — ESTOCADES.

De l'endroit où doit frapper le matador. — L'estocade de mort doit toujours être donnée dans les *rubios*, entre les deux épaules, à l'endroit appelé la *cruz* (croix), et qui se trouve au milieu de cette protubérance charnue qui surmonte le garrot du toro adulte. Si le matador frappe bien et réussit à ne pas rencontrer l'os, l'arme pénètre profondément et son effet est sûr.

Des différentes estocades. — L'estocade *honda* (profonde) est celle qui pénètre profondément dans le corps de l'animal ; *corta* (courte), celle qui ne pénètre que très peu ; *media* (moyenne), l'estocade qui ne pénètre que d'une demi-longueur ; *delantera* (en avant), *trasera* (en arrière), celles qui pénètrent soit en avant, soit en arrière de la croix ; *contraria* (contraire), l'estocade qui passe sur le côté gauche ; *tendida* (tendue), celle qui pénètre horizontalement. L'estocade *baja* (basse) pénètre par le cou et de côté ; l'*atravesada* (en travers) traverse la bête, en sortant par l'un des côtés. Le matador pique et retire l'épée : il exécute un *meti-saca* (mettre et retirer).

§ III. — DIFFÉRENTS CAS OU LA MORT EST LE RÉSULTAT DE L'ESTOCADE

On distingue quatre cas différents dans lesquels l'estocade amène la mort du toro et qui sont considérés comme légitimes :

1º Si l'épée, passant entre deux vertèbres, sectionne la moëlle épinière, la mort s'ensuit foudroyante ;

2º Si l'épée pénètre obliquement et profondément dans la poitrine et traverse le cœur, le toro reste debout un instant, oscille sur ses jambes et s'affaise en peu de temps, sans rendre le sang ni par la blessure, ni par la bouche ;

3º Si l'épée entre perpendiculairement et perfore les poumons, le toro meurt par asphyxie en rendant des flots de sang par la bouche et les naseaux ;

4º Si l'épée, d'une estocade haute, pénètre en sectionnant les tendons des jambes, elle le *descorda* (déséquilibre) ; ainsi frappé, le fauve, ne pouvant se soutenir, s'abat, et c'est affaire au *puntillero* de l'achever.

Il ne faut pas confondre le troisième cas avec le *golletazo*, coup d'épée déplorable et qui doit être blâmé. Dans ces deux estocades, l'animal rend le sang par la bouche, mais le mérite de l'une est d'être portée haut, perpendiculairement et dans les règles, tandis que dans le *golletazo*, l'épée entre très bas dans le cou, perforant la gorge. Ce dernier coup indique un manque absolu de sang-froid et de coup d'œil.

§ IV. — DU DESCABELLO ET DU PUNTILLERO

Il arrive souvent que le toro frappé à mort, bien étayé sur ses jambes ou appuyé de l'arrière-train contre la barrière, ne tombe pas ; afin de ne pas prolonger son agonie, il appartient au matador de le *descabellar*. Le diestro se place devant lui et, soit avec la muleta, soit en lui piquant les naseaux, l'oblige à baisser la tête ; alors d'un coup de pointe sec, il lui sépare le cervelet de la première vertèbre ; l'animal s'abat foudroyé. Certains matadores, par coquetterie, appuient le pied sur les naseaux du fauve pour l'obliger à bien se découvrir.

Si l'animal s'abat sous le coup et conserve encore un restant de vie, le *puntillero*, armé de la *puntilla*, forte lame triangulaire à deux tranchants fixée à un manche très court, s'approche par derrière avec précaution et d'un coup sec, par le même procédé, foudroie l'animal. Le fauve debout appartient au matador, le puntillero ne doit se débarrasser que de l'animal abattu.

L'ARRASTRE

Agonisant bien que debout, le toro laisse choir lentement son front redoutable. Un mince filet de sang coule de ses naseaux ; son front souillé frémit, marqué au garrot d'un signe de mort par la croix rouge de la garde.

....C'est maintenant d'un geste las que le matador répond aux bravos familiers. Son bras fatigué soulève rythmiquement la muleta ; sa main large ouverte jette au long des gradins, — semaille de vivats, — des signes de merci. Il s'eloigne, et derrière lui, son adversaire s'écroule tout à coup.

Un cri d'enthousiasme emplit le vaste ciel et retentit jusqu'aux secrètes profondeurs des voûtes. Mais pendant que le tumulte de l'ovation croît et comme une vague immense, par delà les degrès, déferle — voici que retentit au dehors un bruit joyeux de fouets et de hennissements.

Les mules d'arrastre surgissent du toril. Elles galoppent sous les grelots et les pompons et leurs conducteurs les cinglent, suspendus aux mors ou cramponnés aux traits, sans peur des ruades. Liée par les cornes,

la dépouille de la brute vaincue, disparait à leur suite.
..... Le silense se fait.

Cependant sur la foule apaisée s'abat plus vibrant et plus large dans la sonorité glorieuse des cuivres, le chant guerrier du Paseo.

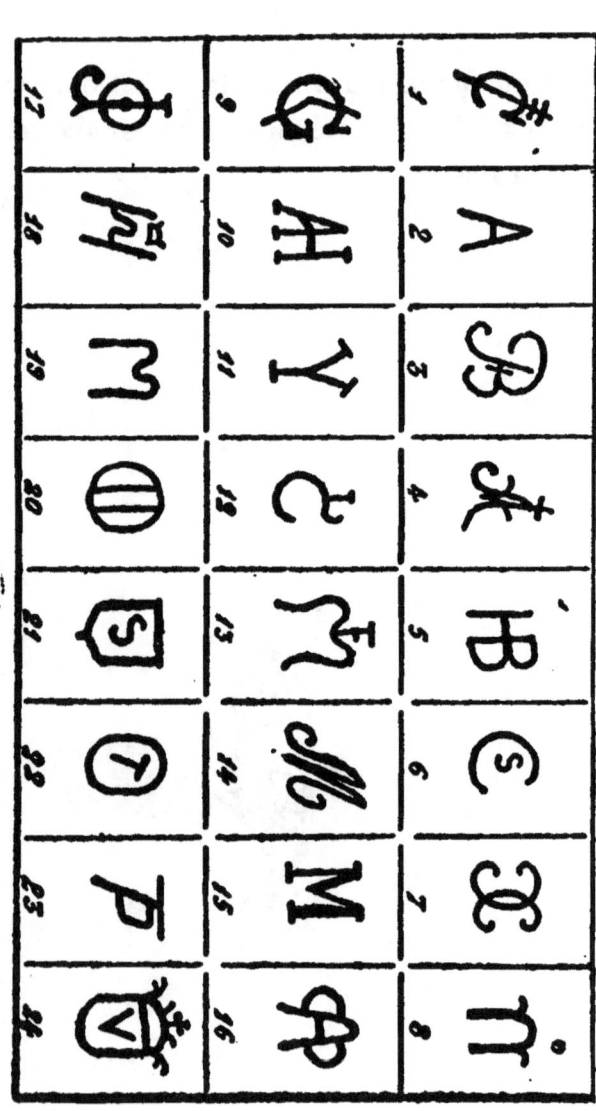

TABLEAU
DES FERS ET DEVISES
des principales ganaderias d'Espagne

1. — **Aranda** (*Don Francisco*) voisin de Jerez de la Frontera. — Devise : bleu-ciel et noire.

2. — **Banuelos y Salcedo** (*Don Manuel*) voisin de Colmenar. — Devise : bleue.

3. — **Barrionuevo** (*Don Rafaël*) voisin de Cordoue. — Devise : bleu-turquoise, blanche et rose.

4. — **Benjumea** (*S*res *D. Diego y D. Pablo*) voisins de Séville. — Devise : noire.

5. — **Càmara** (*D. Jose Maria de la*) voisin de Séville. — Devise : blanche et noire.

6. — **Concha y Sierra** (*D. Fernando de la*) voisin de Séville. — Devise : blanche, noire et gris plomb.

7. — **Espoz y Mina** (*Excmo S*r *Conde de*) voisin de Pampelune. — Devise : rouge et verte. — Cette ganaderia est la même que celle connue sous le nom de **Carriquiri**.

8. — **Flores** (*S*ra *Viuda é Hijos de D. Fructuoso*) de Panascosa (Albacete). — Devise : orange.

9. — **Gonzalez Nandin** (*Don Angel*) voisin de Séville. — Devise : rouge et jaune.

10. — **Hernandez** (*Don Antonio*) voisin de Madrid. — Devise : violette et blanche.

11. — **Ibarra** (*Don Eduardo*) voisin de Séville. — Devise : bleu-turquoise et jaune paille.

12. — **Lòpez Navarro** (*S^{ra} Viuda de D. Carlos*) voisin de Colmenar. — Devise : rouge et jaune.

13. — **Martin** (*Don Anastasio*) voisin de Séville. — Devise : verte et rouge.

14. — **Martinez** (*Don Vicente*) voisin de Colmenar-Viejo. — Devise : violette.

15. — **Mazpule** (*Don Juan Antonio*) voisin de Madrid. — Devise : blanche.

16. — **Miura** (*Don Antonio*) voisin de Séville. — Devise : verte et noire. Le 20 avril 1862, un toro de cette ganaderia, *Jocinero*, tua, dans la plaza de Madrid, le diestro Jose Rodriguez (*Pepete*).

17. — **Orozco y Garcia Ruiz** (*Ilmo. Sr. Don Jose*) voisin de Seville. — Devise : rouge, blanche et jaune paille. — Cette ganaderia est la même que celle connue sous le nom de **Adalid**.

18. — **Patilla** (*Excmo Sr Conde de*) voisin de Madrid. — Devise : rouge, bleu-ciel et blanche.

19. — **Ripamilàn** (*Don Victoriano*). Egea de los caballeros. — Devise : rouge.

20. — **Saltillo** (*Excmo. Sr Marquès del*) voisin de Séville. — Devise : bleu-ciel et blanche.

21. — **Solis** (*Don Augustino*). Presbitero voisin de Trujillo. — Devise : rouge.

22. — **Trespalacios** (*D. Jacinto*) voisin de Trujillo. — Devise : rouge et verte.

23. — **Torres Diez de la Cortina** (*D. José*) voisin de Séville. — Devise : bleu céleste et blanche.

24. — **Veraguas** (*Excmo Sr. Duque de*) voisin de Madrid. Devise : rouge et blanche.

VOCABULAIRE

des termes employés en Tauromaquie et dont l'intelligence est nécessaire à tout amateur

---

Achazo ou Hachazo. — Mouvement de tête du toro lorsqu'il frappe avec les cornes.

Acometida. — Mouvement impétueux que fait un toro en partant sur un objet sans le toucher.

Alguacil. — Employé aux ordres du président du spectacle ; sorte d'agent de police chargé d'apporter les ordres ou les avis.

Armarse. — Se mettre en garde pour une suerte. *Armarse el matador*, se dit quand un matador enroule la muleta autour de la hampe, lève l'épée, se préparant à estoquer.

Arrancar. — Quitter un lieu. L'acte du diestro ou du toro partant vers un objet quelconque.

Astas. — Cornes du toro. On dit aussi *Armas, Cuernos, Pitones*, ce dernier mot est pour désigner particulièrement les pointes des cornes sur une longueur d'un pouce.

Atronar. — Foudroyer avec la puntilla.

Bicho. — Synonime de toro. On dit aussi *cornupeto*.

Brega. — Ensemble du travail du torero.

Brindis. — Salut ou toast porté à la présidence ou à un spectateur avant d'exécuter la suerte.

Bulto. — Le corps du torero ou du cheval.

Caballero en plaza. — Cavalier qui assiste aux grandes courses royales et qui est chargé de tuer le toro avec le *rejon* (javeline au fer très aigu). Deux diestros désignés par lui marchent à ses côtés, on les appelle « parrains du champ. » Ils sont chargés de le protéger. Les *Caballeros en plaza* sont de la noblesse ou des corporations.

Cenirse en el engano. — Se dit du toro qui reste devant l'engano sans savoir s'il le prendra ou non.

Codicioso. — Toro qui cherche le *bulto* avec obstination et l'accompagne jusqu'au bout.

Cogida. — Avantage du toro sur l'homme. La prise de l'homme par le fauve.

Coleta. — Tresse de cheveux que le torero laisse croître derrière le crâne afin d'y attacher la *mona* (petit choux de taffetas) ; *cortarse la coleta* (se couper la *coleta*), se dit du *lidiador* qui abandonne la profession.

Cuadrada. — Une muleta est *cuadrada* si elle est largement déployée ; un toro est *cuadrado*, s'il est bien placé pour recevoir l'estocade.

Derramar la vista. — (Jeter les yeux de côtés et d'autres) se dit du toro méfiant.

Derrotes. — Coups de cornes donnés dans la cape ou la muleta pour désarmer le torero.

Diestro (l'adroit). — Synonime de torero.

Doblar. — Abattre un taureau blessé à mort.

Engano (leurre). — La cape, la muleta ou tout autre objet avec lequel on trompe le toro.

Escurpirse. — Se dit du toro qui ne veut pas prendre l'*engano*.

Juridicion. — La *juridicion* du toro est l'espace jusqu'où peut porter son coup de corne ; celle du torero l'espace nécessaire pour l'exécution de la suerte.

Libras (*toro de*). — Toro qui pèse beaucoup, toro de poids.

Morillo. — Cou du toro.

Novilladas. — Fêtes taurines données à Madrid pendant la canicule ou pendant l'hiver et dans lesquelles les jeunes toreros n'ayant pas encore l'alternative combattent des toros de 3 ans ou défectueux. Fêtes de village dans lesquelles les amateurs vont se mesurer avec de jeunes toros.

Novillero. — Torero n'ayant pas encore reçu l'alternative et estoquant des novillos.

Novillo. — Toro de 2 à 3 ans.

Palos. — Synonime de banderilles.

Pegador. — Homme de force luttant avec le toro emboulé. Ce jeu spécial aux courses portugaises est peu usité en Espagne.

Peon (piéton). — Torero à pied.

Pies ou **Piernas** (pieds ou jambes). — On dit *salir por pies* (sortir avec les pieds) du torero qui évite le danger en courant. Un *toro de muchas piernas* (de beaucoup de jambes) est un toro coureur et agile.

Rematar la suerte. — Achever la suerte. Un toro *remata en las tablas* s'il poursuit jusqu'aux barricades et frappe le bois avec la corne.

Salida falsa (fausse sortie). — Si le banderillero sort de suerte sans piquer. C'est toujours un défaut.

Rubios. — Point de réunion du cou aux épaules en suivant les vertèbres.

Sobresaliente. — Banderillero appelé demie-épée, obligé d'estoquer en cas d'accident survenu au matador. Il doit aider celui-ci dans les quites. Parfois, avec l'autorisation du président, il mate le dernier toro.

Suerte. — Mot intraduisible. Il signifie tout ce qui s'accomplit avec la cape, la pique, la banderille ou l'épée. La *Faena* est la façon de combattre particulière à un torero, son style. La *faena de Frascuelo*, la *faena de Lagartijo*.

www.ingramcontent.com/pod-product-compliance
Lightning Source LLC
LaVergne TN
LVHW050631090426
835512LV00007B/787